Savoir préparer
LA CUISINE
AU
MICRO-ONDES

D1280179

Savoir préparer
LA CUISINE
AU
MICRO-ONDES

Recettes : PATRICE DARD
Photos   : JEAN-FRANÇOIS AMANN
et DANIEL CZAP

Idées Recettes

© copyright 1989,
Créalivres
Comptoir du Livre,
3/5 rue de Nesles, 75006 PARIS

Recettes: PATRICE DARD
Photographies: DANIEL CZAP
et JEAN-FRANCOIS AMANN

Imprimé en Italie

N° ISBN pour la collection: 2-86721-010-5
N° ISBN pour le présent volume: 2-86721-077-1

Dépôt légal: Paris, 2e trimestre 1989

Diffusion exclusive en France:
Comptoir du Livre à Paris.

Diffusion exclusive en Belgique pour la langue française:
Daphné Diffusion à Gent

Table

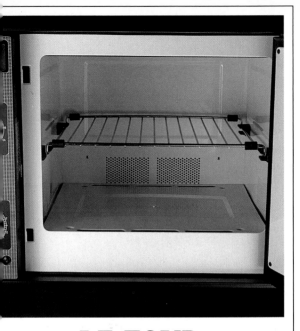

LE FOUR
A MICRO-ONDES

Principe de fonctionnement

Alimenté par le courant électrique, le four à micro-ondes transforme ce dernier en *énergie électromagnétique* par l'intermédiaire d'un générateur appelé *magnétron*.

Les *micro-ondes* émises par le magnétron sont conduites dans l'enceinte du four par un *guide d'ondes*, puis elle y sont réparties le plus régulièrement possible à l'aide de dispositifs qui varient d'un constructeur à l'autre.

De très courte longueur (d'où leur nom), ces micro-ondes sont de très haute fréquence : *2450 mégahertz.* Cela signifie qu'en une seconde ces ondes *oscillent plus de 2 milliards de fois* !

Ces micro-ondes agissent de trois manières sur les ingrédients : par *absorption*, par *transmission* et par *réflexion*. Attirées par l'humidité omniprésente dans les aliments, elles sont absorbées par eux.

FOURS A MICRO-ONDES

Certains matériaux comme le verre ou le plastique sont transparent au micro-ondes comme une vitre aux rayons de soleil. Ces matériau n'absorbent ni ne réfléchissent ces ondes, mais les transmettent au aliments. D'autre matériaux, les métaux en particulier, réfléchissen les micro-ondes. C'est ainsi que les parois métalliques du four con tribuent à la bonne répartition de l'énergie.

L'action des ondes

Chaque mollécule d'un aliment agitée, nous l'avons vu, plus de milliards de fois sous le bombarbement des ondes s'échauffe par fric tion comme s'échauffent les paumes de vos mains lorsque vous le frottez vivement l'une contre l'autre.

Réglage du four à micro-ondes

Il va de soi que nous ne pouvons passer ici en revue tous les modèle de four présents sur le marché. Chacun d'eux est accompagné d'un brochure généralement bien explicite.

Il faut néanmois savoir que le réglage d'un four, qu'il soit hyperso phistiqué ou le plus simple du genre, obéit à deux paramètres : le temp d'émission et la puissance de l'énergie émise.

Le temps se règle par une minuterie, comme sur les fours traditionnel Chacune de nos recettes vous le donnera.

La puissance se règle différemment selon les marques de four. Nou avons pour cela fourni dans les recettes une double indication. *Voi les 4 puissances que nous utiliserons* :

FAIBLE (graduation 3 sur les fours de 1 à 10)
    = 30 % de la puissance maximale du four
MOYEN (graduation 5)
    = 50 % de la puissance maximale
MOYEN/FORT (graduation 7)
    = 70 % de la puissance maximale
FORT (graduation 10)
    = 100 % de la puissance maximale

Sécurité

Un four à micro-ondes ne présente aucun danger pour l'utilisateu car il n'émet des ondes que si la porte protectrice est fermée. Veille cependant à ce que votre four soit toujours en parfait état. Mais ce est tout aussi impératif, sinon plus, pour une cuisinière à gaz !

LES USTENSILES
DE CUISSON

Les matières

Compte tenu du principe de fonctionnement d'un four à micro-ondes, tel que nous l'avons défini dans les pages précédentes, il est évident que la matière des plats de cuisson interviendra sur la qualité et la rapidité de la cuisson.

Les plats les meilleurs

Plus une matière est transparente aux micro-ondes, meilleure elle sera. Ainsi l'idéal est-il de se procurer toute une gamme de plats en plastique dur tels ceux montrés sur la photo ci-dessus.

Ils existent en de nombreuses tailles et de nombreuses formes : plats ronds, creux, carrés, rectangulaires, ovals... Bien souvent ils sont de lignes harmonieuses et peuvent se présenter directement sur la table, ce qui n'est pas un mince avantage.

Les plats spéciaux

L'assiette à brunir -

Sorte de plat revouvert d'une couche métallique qui permet de faire dorer les viandes. On la préchauffe 6 mn à FORT (10). On saisit les viandes dessus, puis on en poursuit la cuisson dans un plat e[n?] plastique dur.

- Le plat à rissoler -

Plat lourd en céramique que l'on préchauffe aussi à FORT (10), ma[x?] 8 mn. On peut achever une cuisson courte dedans après avoir fa[it] dorer les aliments. Pour une cuisson longue, changer de plat car [il] absorbe trop d'énergie.

- Le plat grillagé -

Il s'agit d'une grande assiette creuse surmontée d'un couvercle e[n] plastique grillagé. Cela permet à un aliment posé sur ce grillage d[e] cuire sans baigner dans son jus qui s'écoule dans l'assiette.

- Il existe également d'autres plats spéciaux qui pourront à l'occ[a]sion vous servir tels les plats pour cuisson à la vapeur au micro-onde[s,] les plats divisés en deux parties pour permettre la préparation de deu[x] légumes en même temps, ou les moules à cake en plastique.

Autres matières convenables

Outre le plastique dur, le verre à feu type Pyrex ou les vitr[o] céramiques type Arcopal conviennent bien au four à micro-ondes[.] Les plastiques souples et cartons sont utilisables également à cond[i]tion de ne pas cuire dedans des aliments trops gras qui en chauffa[nt] les feraient fondre ou les déformeraient.

Le bois et l'osier risquent de se fendiller au four à micro-ondes [et] il vaut mieux les éviter pour des cuissons prolongées.

Les plats en terre cuite sont acceptables, sans plus.

A proscrire

Bien que certains fours modernes soient aujourd'hui capables de le[s] accepter, les plats et objets métalliques sont à éliminer de votre mat[é]riel pour micro-ondes car ils pourraient, en renvoyant les ondes d[e] manière anarchique endommager sérieusement ce four. N'utilisez pa[s] non plus de cristal ni de porcelaine finement décorée qui souffriraie[nt] du passage au micro-ondes.

Les couvercles

Très souvent nous vous recommanderons de couvrir les alimen[ts] durant la cuisson. Cela se fera soit avec des couvercles en plastiqu[e] vendus avec les plats, soit avec des papiers de cuisson.

Les papiers de cuisson que nous utiliserons sont : les papier abso[r]bant, pour cuire les aliments gras, type bacon ou lard ; le papier su[l]furisé, et les films plastiques transparents que vous percerez faut[e] de les voir gonfler comme des baudruches.

Le papier d'aluminium, métallique par définition, est à proscrire[,] sauf parfois pour éviter une surcuisson de parties fragiles comme le[s] têtes ou les queues de petits poissons ou les bouts d'os des volaille[s]

A DECONGELATION

e four à micro-ondes est à l'évidence l'appareil idéal pour la décongélation. Les produits congelés prennent aujourd'hui une part de plus a plus importante sur le marché et nier cette progression relèverait autant de la mauvaise foi que de la bêtise.

il est vrai qu'un produit frais ne rivalisera jamais avec un produit ongelé pour ce qui est de la qualité, il est tout aussi vrai que le surlé nous permet maintenant d'accéder en toutes saisons, à des prix ordables et de manière simple et pratique à des produits jadis réser-s à quelques privilégiés.

Décongeler avec soin

u four à micro-ondes, la décongélation est une technique simple rapide, mais réclame néanmoins un minimum de soin.
oici en 8 points la marche à suivre :
- Réglez le four à DECONGELATION = FAIBLE = (3).
- Respectez le temps indiqué au tableau ci-après
- Procédez à la décongélation en 2 étapes (voir tableau)
- Observez un temps de repos après chaque étape
- Laissez l'aliment se dégeler dans son emballage d'origine (sauf s'il est métallique)

— 13 —

LA DECONGELATION

6 - Déballez l'aliment dans un plat lors du 1° repos
7 - A mi-décongélation retournez l'aliment s'il est d'une seule pièc
   ou remuez-le s'il est en morceaux
8 - Au premier signes de cuisson, retirez l'aliment du four et ache
   vez la décongélation à température ambiante.

Ingrédients	Poids	TEMPS (en minutes)			
		Etape 1	Repos 1	Etape 2	Repos
POISSONS					
Petits poissons	250 g	2	2	3	3
	500 g	4	3	5	4
Tranches, darnes, ou steacks	250 g	2	2	1	2
	500 g	4	3	2	4
	750 g	5	4	3	5
	1 kg	8	5	4	5
Filets	250 g	1-1/2	2	1-1/2	2
	500 g	3	3	2	3
	750 g	4	4	3	4
Poisson entier	500 g	4	3	6	4
	1 kg	7	5	8	5
	1,5 kg	10	6	10	6
CRUSTACES ET COQUILLAGES					
Crevettes	250 g	3	2	2	2
	500 g	5	3	4	4
Queue de homard	250 g	5	3	2	3
	500 g	9	5	4	5
Homard ou crabe entier	750 g	9	5	7	5
Pétoncles, coquilles St. Jacques	250 g	4	2	1	3
	500 g	8	3	2	4
Huitres, clams, palourdes, praires	250 g	4	2	2	3
	500 g	8	3	4	4
VIANDES					
Viande hachée	250 g	2	2	1	4
	500 g	4	3	2	5
Steaks, grillades, escalopes 1 pièce	200 g	3	2	1-1/2	4
2 pièces	400 g	4	3	2	5
4 pièces	800 g	6	4	3	6
Côtelettes, côtes	250 g	3	2	1-1/2	4
	500 g	4	3	2	5
Rôtis	500 g	6	4	3	6
	1 kg	8	6	4	8
	1-1/2 kg	10	8	5	10
Epaules, gigots	1 kg	7	5	3-1/2	7
par livre suplèmentaire		4	3	2	5

TEMPS DE CUISSON

POISSONS, COQUILLAGES ET CRUSTACES

ALIMENTS	POIDS	TEMPS DE CUISSON	REGLAGE
POISSONS			
Filets minces (1 cm)	500 g	4 mn 30	FORT (10)
Filets moyens (2 cm)	500 g	6 mn	FORT (10)
Filets épais (3 cm)	500 g	8 mn	FORT (10)
Tranches moyennes	500 g	7 mn	FORT (10)
Tranches épaisses	500 g	9 mn	FORT (10)
Poissons entiers	par kilo	12 mn	FORT (10)
COQUILLAGES			
Palourdes	12 pièces	4 mn	FORT (10)
St Jacques	500 g	4 mn	FORT (10)
CRUSTACES			
Crabes (pattes)	500 g	5 mn	FORT (10)
Crevettes décortiquées	500 g	5 mn	MOYEN (5)
Crevettes non décortiquées	500 g	7 mn	MOYEN (5)
Langoustes ou homard (queues)	500 g	5 mn	FORT (10)
Langouste ou homard entier	1 kg	9 mn	FORT (10)

TEMPS DE CUISSON

ALIMENTS	**LEGUMES** POIDS	TEMPS DE CUISSON	REGLAGE
Artichauts	4 pièces	8 mn 30	FORT (1
Asperges	500 g	8 mn	FORT (1
Aubergines émincées	500 g	5 mn	FORT (1
Betteraves	500 g	20 mn	FORT (1
Brocolis en bouquets	500 g	9 mn	FORT (1
Carottes en rondelles	500 g	11 mn	FORT (1
Céleri-rave émincé	500 g	11 mn	FORT (1
Champignons émincés	500 g	5 mn	FORT (1
Choux de Bruxelles	500 g	7 mn	FORT (1
Chou-fleur en bouquets	500 g	9 mn	FORT (1
Choux en feuilles	500 g	10 mn	FORT (1
Choux en lanières	500 g	7 mn	FORT (1
Courgettes en cubes	500 g	8 mn	FORT (1
Endives fendues en 2	500 g	7 mn	FORT (1
Epinards	500 g	7 mn	FORT (1
Fèves fraîches	500 g	6 mn	FORT (1
Haricots verts	500 g	9 mn	FORT (1
Navets en cubes	500 g	10 mn	FORT (1
Oignons émincés	250 g	7 mn	FORT (1
Petits pois	500 g	7 mn	FORT (1
Poireaux en lamelles	500 g	9 mn	FORT (1
Poivrons émincés	500 g	10 mn	FORT (1
Pommes de terre-rondelles	500 g	7 mn	FORT (1
-entières	500 g	9 mn	FORT (1
-gratin	500 g	12 mn	FORT (1
Tomates entières	500 g	5 mn	FORT (1

TEMPS DE CUISSON

VOLAILLES

ALIMENTS	POIDS	TEMPS DE CUISSON	REGLAGE
...illes (3 pièces)	500 g	7 mn 30	FORT (10)
...nard (magrets)	500 g rosés	4 mn30	FORT (10)
	bien cuits	6 mn 30	FORT (10)
...nard entier	2 kg	19 mn	FORT (10)
...inde en morceaux	500 g	10 mn	FORT (10)
...inde entière	par 500 g	12 mn	MOYEN (5)
...ulet découpé	500 g	6 mn	FORT (10)
...ulet entier	1,3 kg	22 mn	FORT (10)

VIANDES

ALIMENTS	POIDS	TEMPS DE CUISSON	REGLAGE
OEUF			
...ande hachée	500 g	5 mn	FORT (10)
...eak bleu	200 g	2 mn	FORT (10)
...eak saignant	200 g	2 mn45	FORT (10)
...eak à point	200 g	3 mn15	FORT (10)
...eak bien cuit	200 g	4 mn	FORT (10)
...ôti bleu	par 500 g	10 mn	FORT (10)
...ôti saignant	par 500 g	12 mn	FORT (10)
...ôti à point	par 500 g	15 mn	FORT (10)
...ôti bien cuit	par 500 g	17 mn	FORT (10)
ORC			
...con en tranches	250 g	4 mn	FORT (10)
...tes	500 g	12 mn	MOYEN/FORT (7)
...ôti	par 500 g	15 mn	MOYEN/FORT (7)
...avers	par 500 g	18 mn	MOYEN (5)
...mbon	par 500 g	12 mn	MOYEN/FORT (7)
GNEAU			
...telettes	4 pièces	5 mn	MOYEN/FORT (7)
...got ou épaule			
rosé	par 500 g	15 mn	MOYEN/FORT (7)
bien cuit	par 500 g	18 mn	MOYEN/FORT (7)

SAUCE HOLLANDAISE EXPRESS

Mettez 3 jaunes d'œufs dans le bol du mélangeur

Ajoutez le jus d'un citron, 2 pincées de poivre blanc 3 pincées de sel. Fermez le mélangeur de battez à vitess lente pendant quelques secondes.

Mettez le beurre dans une tasse à mesurer. Passe 1 mn 30 au four à micro-ondes réglé à FORT (10 jusqu'à ce que le beurre soit fondu.

Dans le mélangeur réglé à grande vitesse, versez len tement le beurre fondu sur le mélange jaune d'œufs/jus de citron, en un mince filet.

Battez jusqu'à ce que le mélange soit homogène.

Versez la préparation dans un bol.

Placez ce bol dans un récipient contenant de l'ea chaude. Le niveau de l'eau dans le récipient doit êtr le même que le niveau de la préparation dans le bol

Mettez au four à micro-ondes réglé à FAIBLE (3 pendant 5 mn. Remuez la préparation toutes le minutes.

Cette sauce hollandaise est inratable !

Vous pouvez la déguster immédiatement ou la réser ver, à couvert, au réfrigérateur.

Pour la réchauffer, passez-la 3 mn au four à micro ondes réglé à MOYEN (5) en remuant deux ou troi fois.

SAUCE HOLLANDAISE EXPRESS

Pour 4 personnes :
Préparation : 5 mn
Cuisson : 1 mn 30 + 5 mn
Réglage : FORT (10) puis FAIBLE (3)
Ingrédients :
3 jaunes d'œufs
Le jus d'un citron
3 pincées de sel
2 pincées de poivre blanc
175 g de beurre

a sauce hollandaise express : recette simple à réaliser en
1 mn 30.

BEURRE BLANC

Dans un bol, mettez le beurre, le vinaigre, le jus d
citron, le sel et le poivre.

Mettez au four à micro-ondes réglé a FORT (10) pe
dant 1 mn 30, c'est-à-dire jusqu'à ce que le beurre so
fondu.

Remuez avec un fouet pour que la préparatio
devienne homogène.

Ajoutez la crème. Mélangez.

Passez 3 mn au four à micro-ondes réglé
FAIBLE (3).

Remuez de nouveau : le beurre blanc est prêt. Il fau
le consommer aussitôt.

VARIANTES

Voici quelques suggestions de variantes particuliè
rement délicieuses et raffinées. (voir photo ci-contre)

A gauche, de haut en bas

BEURRE BLANC AU CITRON VERT
250 g de beurre blanc
1 cuiller à soupe de jus de citron vert

BEURRE BLANC A LA CIBOULETTE
250 g de beurre blanc
3 cuillers à soupe de ciboulette hachée

BEURRE BLANC AU BEURRE DE HOMARD
250 g de beurre blanc
3 cuillers à soupe de beurre de homard,
de crevette ou de crabe

A droite, de haut en bas

BEURRE BLANC A L'ANCHOIS
250 g de beurre blanc
3 cuillers à soupe de filets d'anchois hachés

BEURRE BLANC AUX OEUFS DE LUMP
250 g de beurre blanc
3 cuillers à soupe d'œufs de lump

BEURRE BLANC AU POIVRE VERT
250 g de beurre blanc
1 cuiller de poivre vert
1 cuiller à café de thym haché

BEURRE BLANC ET SES VARIANTES

Pour 4 personnes :
Préparation : 5 mn
Cuisson : 1 mn 30 + 3 mn
Réglage : FORT (10) puis FAIBLE (3)
Ingrédients :
200 g de beurre
1 cuiller à café de vinaigre d'échalote
1 cuiller à café de jus de citron
3 pincées de sel
2 pincées de poivre blanc
3 grandes cuillers de crème

e beurre blanc et ses variantes : recettes simples à réaliser
9 mn 30.

OEUFS COCOTTE AU CURRY

Choisissez des œufs très frais.

Beurrez les parois et le fond de deux ramequins

Mélangez la crème avec le curry, le poivre et le se

Cassez 2 œufs dans chaque ramequin. Percez le
jaunes.

Nappez de crème au curry, puis couvrez le
ramequins.

Enfournez 3 mn à MOYEN-FORT (7). Respectez le
temps de cuisson à la seconde près.

Laissez reposer et servez directement dans les rame
quins avec une petite cuiller.

Préparés au micro-ondes, les œufs cocottes sont plu
succulents et moelleux que jamais. Ils se préparent e
outre en un éclair.

OEUFS COCOTTE
AU CURRY

Pour 2 personnes :
Préparation : 3 mn
Cuisson : 3 mn
Réglage : MOYEN-FORT (7)
Ingrédients :
4 œufs
1 cuiller à café de beurre
100 g de crème
1 cuiller à café de curry
2 pincées de poivre
2 pincées de sel

es œufs cocotte au curry : recette très simple à réaliser en
mn.

LES ASPERGES SAUCE MOUSSELINE

Nettoyez et raclez les asperges.

Mettez-les dans un plat rectangulaire avec l'eau chaude et le sel.

Couvrez et enfournez 17 mn à FORT (10).

Pendant le refroidissement des asperges, préparez la sauce hollandaise comme indiqué pages 18 et 19.

En fin de cuisson de la sauce, ajoutez moutarde et crème.

Fouettez vigoureusement et servez aussitôt avec les asperges encore tièdes et bien égouttées.

Une recette délectable et prestigieuse que le micro ondes rend en outre très simple.

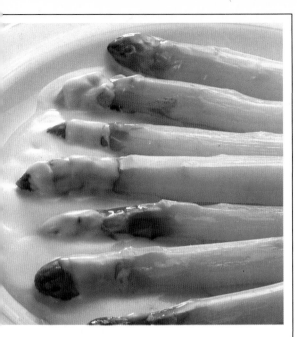

ASPERGES SAUCE MOUSSELINE

Pour 4 personnes :
Préparation : 10 mn
Cuisson : 17 mn
Réglage : FORT (10)
Ingrédients :
1 kg d'asperges
10 cl d'eau chaude
1 cuiller à café de sel
250 g de sauce hollandaise (voir recette page 19)
1 cuiller à café de moutarde forte
2 cuillers à soupe de crème

es asperges sauce mousseline : recette simple à réaliser en
7 mn.

LES BROCOLIS A L'ESTRAGON

Détaillez les brocolis en petits bouquets. Lavez-les

Disposez-les dans un plat.

Versez l'eau.

Couvrez.

Faites cuire 9 mn à FORT (10).

En fin de cuisson, laissez reposer les brocolis, le temps de préparer la sauce. (Si votre four est muni d'une étagère, vous pouvez mettre les brocolis en bas et cuire la sauce en haut.)

Mettez dans un bol le beurrre, le jus de citron l'estragon haché et la moitié du poivre et du sel. Enfournez à MOYEN (5) pendant 1 mn 30.

A mi-cuisson, ajoutez la crème et remuez.

Assaisonnez les brocolis du reste du poivre et du sel et servez-les nappés de cette fine sauce à l'estragon

BROCOLIS
A L'ESTRAGON

Pour 2 personnes :
Préparation : 5 mn
Cuisson : 9 mn + 1 mn 30
Réglage : FORT (10) puis MOYEN (5)
Ingrédients :
500 g de brocolis
60 g de beurre
1 cuiller à café de jus de citron
1 cuiller à soupe d'estragon haché
2 cuillers à soupe de crème
4 pincées de poivre
4 pincées de sel

es brocolis à l'estragon : recette simple à réaliser en 15 mn 30.

POMMES DE TERRE AUX HERBES

Pelez les pommes de terre nouvelles en laissant calottes de peau aux extrémités pour la décoration

Mettez-les dans un plat avec 15 cl d'eau si possibl déjà chaude.

Couvrez et enfournez à FORT (10) pour 17 mn.

Pendant ce temps, maniez le beurrre avec l'ai l'estragon et le persil hachés. Poivrez, salez et malaxe jusqu'à l'obtention d'une pommade homogène.

Quand les pommes de terre sont cuites, égouttez-le Laissez-les reposer, puis remettez-les dans le plat ave le beurre aux herbes.

Enfournez à MOYEN (5) pour 4 mn.

Remuez à plusieurs reprises durant la cuisson.

Servez aussitôt ces pommes de terre confites a beurre comme plat principial ou en accompagnemer d'un poisson grillé, poché ou à la vapeur.

POMMES DE TERRE
AUX HERBES

Pour 4 personnes :
Préparation : 8 mn
Cuisson : 17 mn + 4 mn
Réglage : FORT (10) puis MOYEN (5)
Ingrédients :
12 pommes de terre nouvelles
100 g de beurre
1 cuiller à café d'ail haché
1 cuiller à café d'estragon haché
1 cuiller à soupe de persil haché
4 pincées de sel
4 pincées de poivre

:s pommes de terre aux herbes : recette très simple à réali-
r en 29 mn.

POMMES DE TERRE SAUMONEES

Choisissez 2 grosses pommes de terre de mên calibre.

Lavez-les et piquez-les avec une fourchette.

Mettez-les à cuire sur un papier absorbant FORT (10) pour 10 mn en les retournant deux ou tro fois en cours de cuisson.

Pendant ce temps, passez au mélangeur le saumc fumé, le beurre, le crème et la ciboulette, jusqu l'obtention d'une texture fine.

Assaisonnez, au goût, de sel, de poivre et de jus c citron.

Quand les pommes de terre sont cuites, laissez-l reposer quelques minutes, puis coupez-les en deux da le sens de la longueur.

Evidez-les à l'aide d'une cuiller, puis mélangez chair à la crème de saumon. Rectifiez l'assaisonneme au besoin.

Garnissez les demi-pelures évidées de cet préparation.

Servez aussitôt ou réservez ; dans ce cas, réchauff 2 minutes à FORT (10) juste avant de passer à tabl

Cette entrée aussi délicieuse que riche, peut être se vie en plat principal accompagné d'une salade vert

---

POMMES DE TERRE SAUMONEES

Pour 2 personnes :
Préparation : 10 mn
Cuisson : 10 mn
Réglage : FORT (10)
Ingrédients :
2 grosses pommes de terre
60 g de saumon fumé
60 g de beurre
2 cuillers à soupe de crème
1 cuiller à café de jus de citron
1 cuiller à soupe de ciboulette hachée
3 pincées de poivre
1 pincée de sel (attention au saumon fumé !)

es pommes de terre saumonées : recette simple à réaliser
1 20 mn.

LES MOULES A L'OSEILLE

Grattez les moules. Lavez-les et mettez-les dans une casserolle en plastique sans les égoutter.

Faites-les cuire au four à micro-ondes, à couvert, FORT (10) pour 8 mn.

Remuez à deux reprises en cours de cuisson.

Pendant la cuisson, hachez grossièrement l'oseille

Lorsque les moules sont bien ouvertes, parsemez-le d'oseille, versez la crème, salez et poivrez.

Couvrez de nouveau et enfournez pour 3 mn MOYEN (5).

Savourez ces moules en entrée, ou accompagnées de pommes de terres frites, en plat de résistance.

Une recette originaire de Belgique, naturellement

MOULES
A L'OSEILLE

Pour 2 personnes :
Préparation : 10 mn
Cuisson : 8 mn + 3 mn
Réglage : FORT (10) puis MOYEN (5)
Ingrédients :
2 litres de moules de bouchots
100 g d'oseille
2 cuillers à soupe de crème
4 pincées de poivre
2 pincées de sel

s moules à l'oseille : recette simple à réaliser en 21 mn.

CLAMS GRATINEES EN COQUILLES

Disposez les clams en cercle sur une assiette.

Mettez au four à micro-ondes réglé à FORT (10) s possible sur un plateau tournant.

Au bout de quelques minutes, les clams s'ouvrent

Eliminez ceux qui ne s'ouvriraient pas car cela signi fierait qu'ils ne seraient pas frais.

Retirez les chairs des clams des coquilles. Récupé rez également le jus. Nettoyez les coquilles.

Hachez finement les chaires.

Dans un bol, mettez les clams hachés, le jus, l crème, le citron vert, le lard, le persil, le curry, le se et le poivre. Mélangez.

Versez cette préparation dans les coquilles.

Rangez les coquilles en cercle sur une assiette.

Enfournez à MOYEN (5) pendant 5 mn.

Parsemez de fromage rapé. Remettez au four micro-ondes à FORT (10) pendant 1 mn 30.

Servez aussitôt et dégustez.

CLAMS GRATINEES
EN COQUILLES

Pour 2 personnes :
Préparation : 10 mn
Cuisson : 5 mn + 1 mn 30 (+ ouverture des clams)
Réglage : MOYEN (5) puis FORT (10)
Ingrédients :
6 clams
2 cuillers à soupe de crème
1 cuiller à café de jus de citron vert
2 cuillers à soupe de lard émincé finement
1 cuiller à café de persil haché
2 pincées de curry
2 pincées de sel
1 pincée de poivre de cayenne
2 cuillers à soupe de fromage rapé

es clams gratinées en coquilles : recette simple à réaliser
26 mn 30.

SAINT-JACQUES AU SAFRAN

Faites mariner 10 mn les noix de St-Jacques ave l'huile d'olive dans une assiette creuse.

Couvrez l'assiette et mettez-la 2 mn au four à micr ondes réglé à FORT (10).

Egouttez les St-Jacques.

Rangez-les dans un plat.

Mélangez la crème, le concentré de tomate, l'estra gon, le cerfeuil et l'ail hachés, le safran, le sel et le po vre de cayenne.

Versez sur les St-Jacques.

Couvrez à nouveau et remettez au four réglé MOYEN (5) pendant 3 mn.

Servez sur assiettes chaudes et dégustez immédiat ment.

SAINT-JACQUES
AU SAFRAN

Pour 2 personnes :
Préparation : 5 mn
Cuisson : 2 mn + 3 mn
Réglage : FORT (10) puis MOYEN (5)
Ingrédients :
8 noix de coquilles St-Jacques
1 cuiller à soupe d'huile d'olive
2 cuillers à soupe de crème
1 cuiller à café de concentré de tomate
1 cuiller à café d'estragon haché
1 cuiller à café de cerfeuil haché
2 gousses d'ail finement hachées
2 pincées de safran
2 pincées de sel
1 pincée de poivre de cayenne

aint-Jacques au safran : recette simple à réaliser en 10 mn.

COQUILLES ST-JACQUES A LA CHINOISE

Emincez finement oignon, poivron rouge et poivron vert.

Mettez ce hachis dans un bol.

Ajoutez la ciboulette, la sauce tomate, le soja, le vinaigre, le sucre, le gingembre, le poivre de cayenne et le sel.

Mélangez.

Couvrez et mettez au four à micro-ondes réglé à FORT (10) pour 5 mn.

Partagez les St-Jacques en deux dans le sens de l'épaisseur.

Disposez-les dans un plat à gratin.

Nappez avec le contenu du bol.

Couvrez.

Remettez au four réglé à MOYEN (5) pendant 4 mn en remuant à mi-cuisson.

Savourez avec du riz ... et des baguettes.

———

COQUILLES
SAINT-JACQUES
A LA CHINOISE

Pour 2 personnes :
Préparation : 12 mn
Cuisson : 5 mn + 4 mn
Réglage : FORT (10) puis MOYEN (5)
Ingrédients : 8 noix de coquilles St-Jacques
1 petit oignon
1/4 de poivron rouge - 1/4 de poivron vert
1 cuiller à soupe de ciboulette hachée
1 cuiller à soupe de sauce tomate
1 cuiller à café de sauce de soja
1 cuiller à café de vinaigre de vin
1 cuiller à café de sucre en poudre
1/2 cuiller à café de gingembre en poudre
2 pincées de poivre de cayenne
2 pincées de sel

Les coquilles St-Jacques à la chinoise : recette simple à réaliser en 21 mn.

COQUILLAGES EN COQUILLES

Malaxez le beurre pour le ramollir.

Maniez-le avec la farine.

Dans un bol, mettez les moules, les huîtres, les St Jacques et les palourdes.

Ajoutez les petits oignons grelots épluchés, le con centré de tomates, le jus de citron vert, le beurre mani avec la farine, le paprika, le poivre de cayenne et le sel

Mélangez délicatement.

Couvrez.

Mettez au four à micro-ondes réglé à MOYEN (5 pendant 7 mn.

Remuez à mi-cuisson.

Au moment de servir, parsemez de ciboulette.

Pour rendre ce ragoût de coquillages original, pré sentez le dans des coquilles St-Jacques bien nettoyées

---

COQUILLAGES
EN COQUILLES

Pour 2 personnes :
Préparation : 10 mn - Cuisson : 7 mn
Réglage : MOYEN (5)
Ingrédients : 100 g de moules*
100 g d'huîtres*
100 g de St-Jacques*
100 g de petites palourdes*
50 g de petits oignons grelots
1 cuiller à café de concentré de tomate
1 cuiller à café de jus de citron vert
20 g de beurre
1 cuiller à café de farine
3 pincées de paprika
2 pincées de poivre de cayenne
3 pincées de sel
1 cuiller à soupe de ciboulette hachée
(* il s'agit de coquillages décortiqués)

oquillages en coquilles : recette simple à réaliser en 17 mn.

CREVETTES A L'ANETH

Dans un plat pour micro-ondes, disposez les crevettes bien égouttées.

Mélangez béchamel, crème et beurre de crevettes. Salez et poivrez au cayenne.

Recouvrez les crevettes avec ce mélange.

Mettez au four à micro-ondes réglé à MOYEN (5 pendant 4 mn, de préférence sur un plateau tournant.

Parsemez d'aneth ciselé et savourez aussitôt ce plat aussi délicieux que simple à préparer.

CREVETTES
A L'ANETH

Pour 2 personnes :
Préparation : 4 mn
Cuisson : 4 mn
Réglage : MOYEN (5)
Ingrédients :
300 g de crevettes décortiquées
4 cuillers à soupe de béchamel
1 cuiller à soupe de crème
1 cuiller à soupe de beurre de crevettes
3 pincées de sel
1 pincée de poivre de cayenne
2 cuillers à soupe d'aneth ciselé

es crevettes à l'aneth : recette très simple à réaliser en 8 mn.

CREVETTES EN TOMATES

Evidez 2 belles tomates pas trop mûres, sans perce la peau et en conservant les petits chapeaux, comm pour préparer des tomates farcies.

Hachez la chair de tomate avec la chair à sauciss et les crevettes décortiquées.

Ajoutez l'échalote et le persil ainsi que les jaune d'œufs.

Salez et poivrez. Mélangez.

Garnissez les tomates avec cette préparation.

Replacez les chapeaux

Mettez au four à micro-ondes réglé à FORT (10) per dant 6 mn.

Servez chaud avec un coulis de tomate ou froid ave une sauce tartare ou une mayonnaise aux herbes.

CREVETTES
EN TOMATES

Pour 2 personnes :
Préparation : 10 mn
Cuisson : 6 mn
Réglage : FORT (10)
Ingrédients :
2 grosse tomates
100 g de chair à saucisse
100 g de crevettes décortiquées
1 échalote hachée
1 cuiller à soupe de persil haché
2 jaunes d'œufs
2 pincées de poivre de cayenne
4 pincées de sel

evettes en tomates : recette simple à réaliser en 15 mn.

PINCES DE CRABE EN SAVEUR

Glissez les pinces de crabe dans un sac plastiqu[e]

Brisez-en la carapace avec un maillet. Le sac emp[ê]che les brisures de carapace de se répandre partou[t]

Mettez les pinces brisées dans un plat à micro-onde[s]

Travaillez le beurre avec les échalotes hachées, le pe[r]sil, le jus de citron, sel, gingembre et poivre.

Arrosez les pinces avec ce beurre.

Couvrez le plat.

Mettez au four à micro-ondes réglé à FORT (10) pe[n]dant 7 mn.

Laissez reposer 3 mn et dégustez en entrée. Il n'e[st] pas interdit, et même vivement recommandé de se se[r]vir de ses doigts !

Uu plat sublime dans sa simplicité !

PINCES DE CRABE EN SAVEUR

Pour 2 personnes :
Préparation : 10 mn
Cuisson : 7 mn
Réglage : FORT (10)
Ingrédients :
4 belles pinces de crabe
2 échalotes
2 cuillers à soupe de beurre
2 cuillers à soupe de persil haché
2 cuillers à café de jus de citron
2 pincées de poivre
4 pincées de sel
4 pincées de gingembre en poudre

s pinces de crabe en saveur : recette simple à réaliser en
mn.

Choisissez de préférence des queues de homa|
frais. Si elles sont congelées, faites-les d'abord déco|
geler parfaitement.

A l'aide d'une paire de ciseaux, incisez les cartil|
ges du dessous des queues ; puis décortiquez celles-
en retirant délicatement les anneaux. En décortiqua|
le dernier anneau, assurez-vous de ne pas briser
pointe de la chair située au bout de la queue.

Tranchez la queue en médaillons assez fins.

Enfilez ces médaillons sur les piques de bois en inte|
calant une fine demi-tranche de citron vert ent|
chacun.

Couvrez de papier sulfurisé et enfournez au micr|
ondes à FORT (10) pendant 5 mn 30.

A mi-cuisson, retournez les brochettes. Salez, p(|
vrez et arrosez d'huile d'olive.

Couvrez de nouveau et achevez de cuire.

Parsemez de ciboulette hachée et servez bien vi|

Ces délicates brochettes de homard peuvent égal|
ment se manger froides, accompagnées d'une bon|
salade verte.

———

HOMARD
EN BROCHETTES
AU CITRON VERT

Pour 2 personnes :
Préparation : 15 mn
Cuisson : 5 mn 30
Réglage : FORT (10)
Ingrédients :
2 queues de homard crues
2 citrons verts
2 cuillers à soupe d'huile d'olive
2 cuillers à café de ciboulette hachée
4 pincées de sel
4 pincées de poivre

homard en brochettes au citron vert : recette simple
réaliser en 20 mn 30.

SALADE DE POISSON

Taillez les filets de poisson en goujonnettes, c'e
à-dire en lanières obliques d'un bon centimètre
largeur.

Dans un bol, mélangez tous les ingrédients de
marinade.

Versez la marinade dans une assiette creuse et me
tez les goujonnettes de poisson à mariner penda
15 mn.

Lavez la salade et essorez-la soigneusement.

Egoutez les goujonnettes de poisson. Posez-les ent
deux feuilles de papier sulfurisé et faites-les cuire
four à micro-ondes réglé à MOYEN/FORT (7) pe
dant 3 mn.

Assaisonnez la salade avec la marinade.

Dressez les goujonnettes de poisson encore tièdes s
la salade et dégustez aussitôt.

Une entrée très simple, très rapide et qui produit to
jours un bel effet sur les convives.

SALADE DE POISSON

Pour 2 personnes :
Préparation : 5 mn
Cuisson : 3 mn - Marinage : 15 mn
Réglage : MOYEN/FORT (7)
Ingrédients :
300 g de filets de poisson
200 g de salade de saison
Pour la marinade :
3 cuillers à soupe d'huile d'olive
2 cuillers à soupe de jus de citron
1 cuiller à café de thym haché
3 pincées de graines de coriandre
2 pincées de poivre de cayenne
4 pincées de sel

a salade de poisson : recette simple à réaliser en 8 mn.

Ecaillez, videz et lavez très délicatement sardines
rougets.

Préchauffez l'assiete à brunir pendant 6 mn
FORT (10).

Précuisez les échalotes, sans les éplucher, en l
posant au côté de l'assiette à brunir durant les 6 m
de préchauffage.

Quand l'assiette est très chaude, ajoutez le beur
et presque aussitôt les poissons bien essuyés. Laiss
les dorer 1 mn sur chaque face.

Posez également les échalotes sur l'assiette à bruni

Poursuivez la cuisson à FORT (10) pendant 4 m

En fin de cuisson, salez et poivrez. Savourez bie
vite !

Pour consommer les échalotes, pressez dessus et ta
tinez sur les poissons la chair onctueuse qui s'en écoul

L'échalote ainsi préparée n'a plus l'agressivité c
l'échalote crue. Sa saveur est au contraire d'une ra
délicatesse. Elle est, de plus, devenue très digeste.

SARDINES ET ROUGETS GRILLES AU MICRO-ONDES

Pour 2 personnes :
Préparation : 10 mn
Cuisson : 10 mn
Réglage : FORT (10)
Ingrédients :
4 sardines fraîches
4 rougets barbets
4 échalotes entières
1 cuiller à soupe de beurre
2 pincées de poivre blanc
3 pincées de sel

es sardines et rougets grillés au four à micro-ondes : recette
mple à réaliser en 20 mn.

SAUTE DE SAUMON PRINTANIER

Coupez la chair de saumon en cubes.

Coupez le lard en dés de la même taille.

Dans un bol, mettez le beurre et les petits pois. Ajoutez une cuiller à soupe d'eau.

Placez au four à micro-ondes réglé à FORT (10) pendant 4 mn.

Après une minute de cuisson, ajoutez le lard. Remuez.

Après une nouvelle minute de cuisson, ajoutez les cubes de saumon. Salez et poivrez. Remuez.

En fin de cuisson, dressez sur assiette et parsemez d'œufs de saumon.

Une recette aussi rapide que raffinée.

A noter que froide, cette préparation peut s'accomoder en salade avec une vinaigrette ou une mayonnaise.

———

SAUTE DE SAUMON PRINTANIER

Pour 2 personnes :
Préparation : 10 mn
Cuisson : 4 mn
Réglage : FORT (10)
Ingrédients :
200 g de saumon
60 g de lard frais
200 g de petits pois
25 g de beurre
2 pincées de poivre blanc
2 pincées de sel
1 cuiller à soupe d'œufs de saumon

e sauté de saumon printanier : recette simple à réaliser
n 14 mn.

BROCHETTES DE SAUMON AU MICRO-ONDES

Découpez la chair de saumon en cubes de 2,5 cm de coté environ.

Enfilez-les sur deux piques en bois en intercalant les demi-tranches de concombre.

Faites reposer les deux bouts des brochettes sur les bords d'un plat de manière à ce que les ingrédients soient en suspension.

Versez un peu d'eau dans le fond du plat.

Enfournez au micro-ondes réglé à FORT (10) pendant 4 mn.

Faites pivoter les brochettes d'un quart de tour toutes les minutes.

Dégustez ces savoureuses brochettes arrosées d'un filet de citron et avec du beurre de saumon.

BROCHETTES
DE SAUMON
AU MICRO-ONDES

Pour 2 personnes :
Préparation : 10 mn
Cuisson : 4 mn
Réglage : FORT (10)
Ingrédients :
200 g de saumon
8 demi-tranches épaisses de concombre
1 pot de beurre de saumon
1 citron

es brochettes de saumon au micro-ondes : recette très sim-
e à réaliser en 14 mn.

SAUMON A L'ORANGE

Tranchez le filet de saumon en deux belles escalope

Placez ces escalopes dans le four à micro-ondes entr
deux feuilles de papier sulfurisé.

Faites cuire à FORT (10) pour 5 mn.

Préparez ensuite le beurre blanc comme indiqu
pages 20 et 21.

Aromatisez ce beurre avec la ciboulette.

Salez et poivrez les escalopes de saumon et remette:
les une minute au micro-ondes à FORT (10).

Servez-les nappées de beurre blanc à la ciboulette
savourez aussitôt.

Quelques fines tranches d'orange décoreront l
assiettes et feront un délicieux accompagnement à c
escalopes de saumon.

SAUMON A L'ORANGE

Pour 2 personnes :
Préparation : 10 mn
Cuisson : 6 mn
Réglage : FORT (10)
Ingrédients :
350 g de filets de saumon
1 orange
1 cuiller à soupe de jus d'orange
100 g de beurre blanc (voir page 21)
1 cuiller à soupe de ciboulette hachée
2 pincées de sel
2 pincées de poivre

e saumon à l'orange : recette simple à réaliser en 16 mn.

Choisissez 1 très belle darne de flétan épaisse d'environ 2,5 cm.

Malaxez ensemble le ketchup, le fromage blanc, la chapelure, la moutarde, le paprika, le sel et le piment de cayenne.

Travaillez la préparation jusqu'à l'obtention d'une pate homogène.

Tartinez-en la darne.

Coupez la darne en deux dans le sens de la largeur pour que la cuisson soit plus rapide et plus uniforme.

Disposez les deux morceaux sur une assiette de cuisson. Recouvrez d'une pellicule plastique où vous aménagerez un trou pour laisser s'échapper la vapeur. Enfournez à FORT (10) pour 6 mn 30.

Au moment de servir, décorez de fines rondelles de citron vert et de ciboulette hachée.

Très apprécié en Amérique, mais moins connu en Europe, le flétan est l'un des plus succulents poissons de la création.

DARNES DE FLETAN
A L'AMERICAINE

Pour 2 personnes :
Préparation : 5 mn
Cuisson : 6 mn 30
Réglage : FORT (10)
Ingrédients :
1 darne de flétan de 400 g environ
3 cuillers à soupe de Ketchup
3 cuillers à soupe de fromage blanc
1 cuiller à soupe de moutarde forte
1 cuiller à soupe de chapelure
1 cuiller à café de paprika
4 pincées de sel
2 pincées de piment de cayenne
1 cuiller à café de ciboulette hachée
1 citron vert

es darnes de flétan à l'américaine : recette simple à réali-
r en 11 mn 30.

Faites tailler une belle tranche de thon épaisse ε large. Une seule sera suffisante pour deux personne: voire trois.

Badigeonnez le thon sur ses deux faces de sauce soja

Préchauffez l'assiette à brunir à FORT (10) pendar 6 mn.

Posez la darne dessus et appuyez pour établir un cor tact uniforme avec le fond.

Au bout de 1 minute retournez le thon et faites dore l'autre face.

Poursuivez la cuisson au four à micro-ondes per dant 6 minutes.

Retournez le thon 3 minutes avant la fin de l cuisson.

Poivrez, salez.

Vous pouvez déguster ce plat avec de la salade, de haricots verts et du chutney de mangues.

Préparez de cette façon, le thon justifie totalemen sa réputation de ''viande de la mer''.

STEAK DE THON NATURE

Pour 2 personnes :
Préparation : 5 mn
Cuisson : 6 mn + 8 mn
Réglage : FORT (10)
Ingrédients :
1 tranche de thon de 400 g
4 pincées de sel
3 pincées de poivre
1 cuiller à soupe de sauce soja

Le steak de thon nature : recette très simple à réaliser
en 19 mn.

POULET ROTI AU MICRO-ONDES

Choisissez un beau poulet de grain et bridez-le, c'es
à-dire attachez-en les membres pour qu'ils restent co
lés au corps pendant la cuisson.

Mélangez miel, soja et paprika pour constituer (
que l'on appelle en terme de cuisine au micro-ond(
''un mélange à brunir''.

Salez et poivrez l'intérieur du poulet, pu
badigeonnez-en la peau du mélange à brunir. Vous
badigeonnerez à nouveau deux ou trois fois en cou
de cuisson.

Placez le poulet, poitrine en dessous, dans la part
supérieure d'un plat grillagé. En laissant s'écouler l(
liquides durant la cuisson, ce type de plat permet a
poulet de cuire sans tremper dans son jus, donc de gri
ler au lieu de bouillir.

Couvrez le poulet d'un papier sulfurisé, puis cuis(
à FORT (10) durant 10 mn, le plat posé de préférenc
sur un plateau rotatif.

Après ce temps, retournez le poulet, arrosez-
copieusement de son jus et changez de papier sulf(
risé. Continuez de cuire à FORT (10) pendant enco)
12 mn.

En fin de cuisson, arrosez de nouveau le poulet c
son jus, puis laissez-le reposer de 4 à 5 mn, recouve.
d'un papier d'aluminium, avant de le servir.

POULET ROTI
AU MICRO-ONDES

Pour 4/5 personnes :
Préparation : 10 mn
Cuisson : 22 mn
Réglage : FORT (10)
Ingrédients :
1 poulet à rôtir d'un kg 300 environ
2 cuillers à soupe de miel
2 cuillers à soupe de sauce de soja
1 cuiller à café de paparika
1 cuiller à café de sel
1 cuiller à café de poivre

poulet rôti au micro-ondes : recette très simple à réaliser
32 mn.

BOUQUETIERE DE POULET

Lavez les légumes. Coupez les carottes et les poireau en rondelles, les poivrons en petits carrés et défaite le chou-fleur en petits bouquets. Emincez les oignon sauf s'il s'agit de petits oignons nouveaux que vou pourrez utiliser entiers.

Disposez les morceaux de poulet dans un plat ajoutez les légumes.

Salez et poivrez le bouillon, puis versez-le dans plat. (Il vaut toujours mieux utiliser un bouillo préchauffé).

Couvrez et enfournez au micro-ondes réglé FORT (10) pour 25 mn.

A mi-cuisson, retournez les morceaux de poulet remuez les légumes. Ajoutez le jus de citron.

Ajoutez la crème et l'estragon haché 3 minutes ava la fin de la cuisson. Remuez pour mélanger et ache vez de cuire.

Plat peu coûteux, haut en couleur et en saveur, cet bouquetière de poulet connaît un franc succès aupr de tous.

BOUQUETIERE
DE POULET

Pour 4 personnes :
Préparation : 15 mn
Cuisson : 25 mn
Réglage : FORT (10)
Ingrédients :
2 ailes et 2 cuisses de poulet
150 g de carottes - 1 petit poireau
1 oignon - 1/2 poivron
150 g de chou-fleur
1 cuiller à soupe d'estragon haché
2 cuillers à soupe de jus de citron
200 g de crème fraîche
10 cl de bouillon de poule
1 cuiller à café de sel
1 cuiller à café de poivre

bouquetière de poulet : recette simple à réaliser en 40 mn.

AILES DE POULET AU CITRON

Mélangez la sauce soja et le jus de citron, pu
mettez-y les ailerons à mariner pendant 1 heure.

Protégez les bouts des ailerons avec de petits mo
ceaux de papier d'aluminium.

Disposez les poires pelées dans un plat à part.

Mettez les ailerons dans un plat de cuisson et nappe
les de la marmelade assaisonnée de poivre et de s
Ajoutez 2 cuillers à soupe de marinade.

Couvrez et enfournez à FORT (10) pendant 3 m

Réglez ensuite le four à MOYEN/FORT (7) et co
tinuez de cuire à découvert durant 5 mn.

Faites cuire les poires 12 mn à MOYEN/FORT (
arrosées d'eau. Vous pourrez en commencer la cu
son à l'étape précédente si votre four est muni d'u
étagère.

Emincez finement les poires cuites et servez-
encore bien chaudes avec les ailerons.

AILES DE POULET AU CITRON

Pour 2 personnes :
Préparation : 5 mn - Marinage : 1 h
Cuisson : 3 mn + 5 mn + 12 mn
Réglage : FORT (10) puis MOYEN/FORT (7)
Ingrédients :
4 ailerons de poulet
10 cl de sauce de soja
3 cuillers à soupe de jus de citron
3 cuillers à soupe de marmelade de citron
2 pincées de sel
3 pincées de poivre
1 belle poire pelée
10 cl d'eau

s ailes de poulet au citron : recette simple à réaliser
25 mn.

CUISSE DE DINDE DIJONNAISE

Mélangez yaourt et moutarde.

Badigeonnez-en la cuisse de dinde.

Mettez-la dans un plat. Couvrez.

Placez au micro-ondes réglé à FORT (10) pou 15 mn.

Retournez alors la cuisse.

Ajoutez crème, citron, sel et poivre à la sauce Remuez.

Remettez à cuire 8 mn à MOYEN/FORT (7).

Cette adaptation pour la dinde du fameux lapin la moutarde, se dégustera avec un plat de céléri cu à la vapeur ou au micro-ondes.

CUISSE DE DINDE DIJONNAISE

Pour 4 personnes :
Préparation : 10 mn
Cuisson : 15 mn + 8 mn
Réglage : FORT (10) puis MOYEN/FORT (7)
Ingrédients :
1 belle cuisse de dinde
1 pot de yaourt
2 cuillers à soupe de moutarde forte
2 cuillers à soupe de crème
2 cuillers à café de jus de citron
1/2 cuiller à café de sel
1/2 cuiller à café de poivre

cuisse de dinde dijonnaise : recette simple à réaliser
33 mn.

Préchauffez 6 mn l'assiette à brunir à FORT (1
au four à micro-ondes.

Déposez la cuisse dessus et faites-la dorer 2 mn s
chaque face. Mettez la cuisse dans un plat.

Délayez la maïzena dans le soja.

Versez sur la cuisse roulée.

Ajoutez la bière blonde.

Mélangez.

Couvrez. Laissez cuire 10 mn à FORT (10).

Retournez la cuisse. Salez et poivrez.

Poursuivez la cuisson 9 mn à MOYEN/FORT (

Savourez ce plat d'origine belge avec une sala
d'endives.

CUISSE DE DINDE
ROULEE A LA BIERE

Pour 4 personnes :
Préparation : 15 mn
Cuisson : 6 mn + 14 mn + 9 mn
Réglage : FORT (10) puis MOYEN/FORT (7)
Ingrédients :
1 belle cuisse de dinde roulée
1 cuiller à soupe de maïzena
2 cuillers à soupe de sauce de soja
10 cl de bière blonde
1/2 cuiller à café de sel
1/2 cuiller à café de poivre

a cuisse de dinde roulée à la bière : recette simple à réali-
r en 44 mn.

"GIGOT" DE DINDE AU GROS SEL

Mélangez dans un bol la sauce soja et le vinaigre de vin.

Badigeonnez-en la cuisse à plusieurs reprises.

Mélangez gros sel et poivre concassé.

Saupoudrez-en la cuisse en l'enrobant le plus uniformément possible.

Enveloppez le tout dans une pellicule de plastique de manière à former une papillote, puis placez celle-dans un plat.

Enfournez à FORT (10) au four micro-ondes pour 24 mn.

En fin de cuisson, saupoudrez de persil haché.

Servez avec des haricots en accompagnement.

Le terme "gigot" ne s'empoie pas vraiment à propos d'une cuisse de dinde, mais ne trouve-t-on pas aujourd'hui des dindes aussi grosses que des agneaux de lait !

———————

"GIGOT" DE DINDE
AU GROS SEL

Pour 4 personnes :
Préparation : 10 mn
Cuisson : 24 mn
Réglage : FORT (10)
Ingrédients :
1 grosse cuisse de dinde
2 cuillers à soupe de sauce soja
2 cuillers à soupe de vinaigre de vin
2 cuillers à soupe de poivre concassé
2 cuillers à soupe de persil haché
2 poignées de gros sel

"gigot" de dinde au gros sel : recette simple à réaliser
34 mn.

ROTI DE DINDE A LA CREME D'ESTRAGO

Choisissez un beau rôti de dinde dans la viande ¢ votre choix (blanche ou brune ou une combinaison d deux).

Préchauffez le plat à rissoler 8 minutes à FORT (1(puis faites-y dorer le rôti de tous côtés. Poursuivez cuisson pendant 28 minutes toujours à FORT (10) ¢ retournant le rôti de temps à autre. (Vous employer de préférence un autre plat, car le plat à rissol absorbe trop d'énergie pour une longue cuisson.

Entre-temps, émincez les champignons et hach¢ grossièrement les tomates.

Battez la crème avec les jaunes d'œufs, l'estrago le poivre, le sel et la maïzena.

Versez le tout dans le plat 5 minutes avant la fin ¢ la cuisson et ajoutez tomates et champignons. Remu¢ à deux ou trois reprises.

Le puissant arôme de l'estragon rehausse ici la save quelque peu effacé de la dinde.

———————

ROTI DE DINDE
A LA CREME
D'ESTRAGON

Pour 6 personnes :
Préparation : 10 mn Cuisson : 8 mn + 28 mn
Réglage : FORT (10)
Ingrédients :
1 rôti de dinde de 1 kg environ
250 g de champignons de Paris
3 tomates
200 g de crème fraîche
2 jaunes d'œufs
1 cuiller à café de maïzena
2 cuillers à soupe d'estragon haché
1 cuiller à café de sel
1/2 cuiller à café de poivre blanc

e rôti de dinde à la crème d'estragon : recette simple à réa-
er en 46 mn.

FRICASSE DE POULET A L'AIL

Préchauffez le plat à rissoler 8 minutes dans le micro
ondes réglé à FORT (10).

Disposez-y ensuite les morceaux de poulet en ajou
tant de l'huile d'olive.

Faites les dorer 2 minutes sur toute leur surface

Quand ils sont bien roussis, couvrez le plat et pou
suivez la cuisson 10 minutes.

A mi-cuisson, retournez les morceaux.

Deux minutes avant la fin de la cuisson, ajoutez u
hachis d'ail et de persil, ainsi qui le poivre et le se

Arrosez d'un filet de citron au moment de savoure
ce plat aussi simple que délectable.

FRICASSEE
DE POULET A L'AIL

Pour 2 personnes :
Préparation : 5 mn
Cuisson : 8 mn + 12 mn
Réglage : FORT (10)
Ingrédients :
400 g de morceaux de poulet à fricasser
(se trouvent en barquettes dans tous les supermarchés)
1 cuiller à soupe d'huile d'olive
1 cuiller à soupe d'ail haché
1 cuiller à soupe de persil haché
2 pincées de poivre
3 pincées de sel
1 citron

a fricassée de poulet à l'ail : recette simple à réaliser
1 25 mn.

Coupez les escalopes en scaloppines, c'est-à-dire e tranches fines.

Préparez la sauce en mélangeant crème, porto, ma zena délayée dans le jus de citron, curry, sel et poivr

Nappez le fond d'un plat pour micro-ondes de sauc recouvrez d'une couche de scaloppines et ainsi de sui en alternant jusqu'à épuisement des ingrédients.

Couvrez le plat.

Enfournez pour 8 minutes à MOYEN (5).

A mi-cuisson, remuez la préparation.

Parsemez de ciboulette au moment de déguster, av un plat de coquillettes.

SCALOPPINES
AU PORTO

Pour 4 personnes :
Préparation : 10 mn
Cuisson : 8 mn
Réglage : MOYEN (5)
Ingrédients :
4 escaloppes de veau
200 g de crème fraîche
1 verre à liqueur de porto
1 cuiller à soupe de jus de citron
1 cuiller à café de maïzena
1/2 cuiller à café de curry
1/2 cuiller à café de sel
4 pincées de poivre
1 cuiller à soupe de ciboulette hachée

es scaloppines au porto : recette simple à réaliser en 18 mn.

BLANQUETTE DE VEAU

Si vous ne trouvez pas les morceaux déjà tous co
ditionnés, découpez la viande en cubes de 3 cm de cô

Dans une cocotte en pyrex (ou en plastique spéc
micro-ondes), mettez les carottes, l'oignon, le jus
citron et le bouillon.

Couvrez et faites cuire au four à micro-ondes ré
à FORT (10) pendant 20 mn.

A mi-cuisson ajoutez les cubes de viande. Remu
à deux ou trois reprises.

Maniez le beurre avec la farine.

Au bout de ce premier temps de cuisson, salez
poivrez.

Incorporez le beurre manié et la crème.

Achevez la cuisson à MOYEN (5) pendant 4 m

Remuez une dernière fois.

Servez parsemé de ciboulette hachée.

Un prodige de rapidité !

BLANQUETTE
DE VEAU

Pour 4 personnes :
Préparation : 15 mn
Cuisson : 20 mn + 4 mn
Réglage : FORT (10) puis MOYEN (5)
Ingrédients :
600 g de veau (épaule ou jarret)
200 g de carottes en rondelles précuites à la vapeur
2 cuillers à soupe d'oignon émincé
40 g de beurre
20 g de farine
100 g de crème
1 cuiller à soupe de jus de citron
10 cl de bouillon de volaille
1/2 cuiller à café de sel
1/2 cuiller à café de poivre blanc
1 cuiller à soupe de ciboulette hachée

blanquette de veau : recette simple à réaliser en 39 mn.

ROTI DE PORC AU LAIT

Préchauffez le plat à rissoler au four à micro-onde réglé à FORT (10) pendant 8 mn.

Faites dorer le rôti de porc sur toutes ses faces.

Disposez-le dans un autre plat pour micro-onde

Arrosez-le avec le lait dans lequel vous aurez fait fondre le sel.

Poivrez.

Ajoutez échalotes et oignons finement hachés.

Couvrez et faites cuire 32 mn à MOYEN/FORT (7

5 minutes avant la fin de la cuisson, ajoutez le beurr manié avec la farine, ainsi que la crème.

Servez le rôti nappé de sa sauce dont la saveur e aussi subtile que la recette est simple à exécuter.

ROTI DE PORC
AU LAIT

Pour 6 personnes :
Préparation : 10 mn
Cuisson : 8 mn + 32 mn
Réglage : FORT (10) puis MOYEN/FORT (7)
Ingrédients :
1 kg 200 de rôti de porc
4 échalotes
4 oignons
20 cl de lait
200 g de crème
40 g de beurre
20 g de farine
1 cuiller à café de sel
1 cuiller à café de poivre

e rôti de porc au lait : recette simple à réaliser en 50 mn.

BOEUF EN DAUBE

Découpez la viande en cubes de 3 cm de côté environ

Dans une cocotte en pyrex ou en plastique pou
micro-ondes, versez le vin et le bouillon de bœuf.

Ajoutez carottes, oignons, ail, persil, sucre, sel e
poivre, ainsi que la couenne taillée en larges bandes

Couvrez et mettez au four à micro-ondes réglé
FORT (10) pendant 35 minutes.

Ajoutez ensuite la viande que vous enfouirez sou
les carottes et la sauce.

Réglez le four à MOYEN (5).

Couvrez et poursuivez la cuisson pendant 15 mn

5 minutes avant la fin, incorporez le beurre mani
avec la farine. Remuez.

Savourez ce plat traditionnel que le micro-ondes per
met de réaliser deux fois plus vite qu'à l'ordinaire

BOEUF EN DAUBE

Pour 6 personnes :
Préparation : 20 mn
Cuisson : 35 mn + 15 mn
Réglage : FORT (10) puis MOYEN (5)
Ingrédients :
1 kg 200 de bœuf (gîte à la noix)
300 g de couenne maigre
1 kg de carottes coupées en rondelles
3 oignons émincés
2 gousses d'ail hachées
2 cuillers à soupe de persil haché
25 cl de bon vin rouge
15 cl de bouillon de bœuf
1 cuiller à soupe de sucre en poudre
1 cuiller à café de sel
1 cuiller à café de poivre
50 g de beurre
30 g de farine

e bœuf en daube : recette simple à réaliser en 1 h 10 mn.

PAIN DE BOEUF

Coupez grossièrement les champignons, les oignon,
le persil et le thym.

Passez-les au mixeur jusqu'à l'obtention d'un hach
assez fin.

Ajoutez la sauce tomate. Mélangez.

Travaillez la viande hachée avec les œufs, la mou
tarde, le sucre, les sauces Worcestershire et Tabasc
et le sel.

Malaxez ensemble le hachis de légumes et la viand
assaisonnée. Travaillez à la spatule jusqu'à ce qu
l'appareil soit bien homogène.

Tapissez le plat de cuisson d'une feuille plastique q
facilitera le démoulage.

Versez la préparation à l'intérieur.

Tassez et lissez avec une spatule.

Couvrez et mettez au four à micro-ondes réglé
FORT (10) pendant 16 mn.

Une fois que le pain est cuit, laissez-le reposer 5 m
puis démoulez.

Servez chaud ou froid, décoré de rondelles de toma
tes et de concombre.

Avec une bonne salade mixte, ce pain de viand
constitue un excellent repas.

PAIN DE BOEUF

Pour 8 personnes :
Préparation : 20 mn
Cuisson : 16 mn
Réglage : FORT (10)
Ingrédients :
1 kg de bœuf haché
200 g de champignons
150 g d'oignons
3 cuillers à soupe de persil haché
1 cuiller à soupe de thym haché
10 cl de sauce tomate
2 cuillers à soupe de moutarde forte
2 cuillers à soupe de sucre brun en poudre
1 cuiller à soupe de sauce Worcestershire
1/2 cuiller à café de sauce Tabasco
1 cuiller à café de sel
3 œufs

pain de bœuf : recette simple à réaliser en 36 mn.

Passez le tout au mixeur.

Sur une planche fariné, formez des boulettes de l
taille d'une balle de golf.

Disposez-les dans un plat pour micro-ondes.

Recouvrez le plat d'une feuille plastique.

Piquez la feuille en deux ou trois points avec u
fourchette pour éviter qu'elle ne gonfle en cuisant

Enfournez dans le micro-ondes réglé à FORT (1
pendant 6 minutes.

Ces succulentes petites boulettes se préparent en u
éclair.

Vous les servirez à l'apéritif, avec des piques en bc
et un assortiment d'épices pour les tremper dedan

Vous pourrez également les faire réchauffeer da
une sauce tomate et les servir en plat avec du riz.

———

BOULETTES
POUR APERITIF

Pour 4 personnes :
Préparation : 15 mn
Cuisson : 6 mn
Réglage : FORT (10)
Ingrédients : 300 g de chair à saucisses
2 tranches de jambon
50 g de carottes râpées
50 g de céleri rave râpé
50 g de vert de poireau en julienne
2 cuillerées à soupe de persil haché
1 échalote émincée
1 cuiller à soupe de concentré de tomate
1 cuiller à soupe de moutarde
1 œuf + 1 jaune
4 pincées de sel - 3 pincées de poivre

s boulettes pour apéritif : recette très simple à réaliser
21 mn.